UNE PAGE D'HISTOIRE

CE QUE COUTE

LE CHEF DE L'ÉTAT

EN MONARCHIE ET EN RÉPUBLIQUE

DÉPENSES BUDGÉTAIRES DE LA LISTE CIVILE OU DOTATION
DU CHEF DU POUVOIR EXÉCUTIF DEPUIS LE COMMENCEMENT DU SIÈCLE

SUIVI

1° DES DÉPENSES BUDGÉTAIRES FAITES, SOUS CHAQUE GOUVERNEMENT,
PENDANT LA MÊME PÉRIODE,
POUR L'INSTRUCTION PUBLIQUE ET POUR LES CULTES

2° D'UN TABLEAU COMPARATIF DES DÉPENSES FAITES, SOUS CHAQUE GOUVERNEMENT,
POUR LE CHEF DE L'ÉTAT,
POUR L'INSTRUCTION PUBLIQUE ET POUR LES CULTES

PAR

Ferdinand BONNANGE

Ancien Chef de bureau au Ministère de l'Agriculture,
Lauréat de l'Académie des Sciences,
Honoré d'un Diplôme d'honneur à l'Exposition Universelle de 1878 pour ses travaux statistiques,
Chevalier de la Légion d'Honneur et Officier de l'Instruction publique.

PARIS

Société d'Imprimerie et Librairie administratives et classiques
Paul DUPONT
24, RUE DU BOULOI (HOTEL DES FERMES)

1888

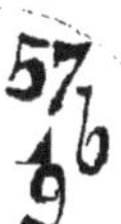

UNE PAGE D'HISTOIRE

CE QUE COUTE
LE CHEF DE L'ÉTAT
EN MONARCHIE ET EN RÉPUBLIQUE

DÉPENSES BUDGÉTAIRES DE LA LISTE CIVILE OU DOTATION
DU CHEF DU POUVOIR EXÉCUTIF DEPUIS LE COMMENCEMENT DU SIÈCLE

SUIVI

1° DES DÉPENSES BUDGÉTAIRES FAITES, SOUS CHAQUE GOUVERNEMENT,
PENDANT LA MÊME PÉRIODE,
POUR L'INSTRUCTION PUBLIQUE ET POUR LES CULTES

2° D'UN TABLEAU COMPARATIF DES DÉPENSES FAITES, SOUS CHAQUE GOUVERNEMENT,
POUR LE CHEF DE L'ÉTAT,
POUR L'INSTRUCTION PUBLIQUE ET POUR LES CULTES

PAR

Ferdinand BONNANGE

Ancien Chef de bureau au Ministère de l'Agriculture,
Lauréat de l'Académie des Sciences,
Honoré d'un Diplôme d'honneur à l'Exposition Universelle de 1878 pour ses travaux statistiques,
Chevalier de la Légion d'Honneur et Officier de l'Instruction publique.

PARIS

Société d'Imprimerie et Librairie administratives et classiques
Paul DUPONT
24, RUE DU BOULOI (HÔTEL DES FERMES)

1888

Tous droits réservés

LISTE CIVILE

OU

DOTATION DU CHEF DU POUVOIR EXÉCUTIF

———

Les dépenses de la Liste civile ou Dotation du Chef du Pouvoir exécutif comprennent :

1º. — *Sous le régime monarchique :* la liste civile et les dotations des Princes et Princesses. — La liste civile a été de 25 millions de francs sous le premier et le second Empire, ainsi que sous la Restauration. Sous Louis-Philippe, elle a été de 9 millions pour les cinq mois de 1830, de 18 millions pour l'année 1831 et de 12 millions pour les années suivantes. Outre la liste civile, la jouissance des biens meubles et immeubles composant la dotation de la couronne était attribuée au Souverain. Ces biens comprenaient le mobilier de la couronne, les palais et châteaux, les bois dits de la liste civile, d'une superficie totale de plus de 67,000 hectares et d'un revenu annuel d'au moins 3,000,000 de francs, etc., etc. — Ces biens ont fait retour à l'État à partir du 4 septembre 1870.

2º. — *Sous le régime républicain :* les sommes attribuées au Chef du Pouvoir exécutif pour traitement, frais de maison, voyages, déplacements et représentation.

———

I.

RÉGIME MONARCHIQUE.

Dépenses budgétaires personnelles aux Souverains et a leur famille.
Liste civile de Napoléon Ier, de Louis XVIII, de Charles X,
de Louis-Philippe Ier, de Napoléon III
et Dotations des Princes et Princesses.
Dépenses exceptionnelles. — Payement de dettes de la liste civile,
Sacres, Mariages, Baptêmes, Obsèques, etc.

NAPOLÉON Iᵉʳ.
Du 28 floréal an XII (18 mai 1804) au 31 mars 1814,
et du 20 mars au 8 juillet 1815.
(10 ans, 2 mois et 8 jours.)

	LISTE CIVILE ET DOTATIONS des princes et princesses	DÉPENSES EXCEPTIONNELLES	DÉPENSE TOTALE	TOTAUX
An XII (4 mois et 9 jours). . .	9,000,000 fr.	»	9,000,000 fr.	
An XIII . . .	27,000,000	Sacre de Napoléon ?	27,000,000	
An XIV – 1806 (15 mois et 10 jours). . .	34,769,444	»	34,769,444	
1807. . .	28,000,000	»	28,000,000	
1808. . .	28,000,000	»	28,000,000	
1809. . .	26,083,333	»	26,083,333	
1810. . .	27,300,000	Mariage de Napoléon avec Marie-Louise ?	27,300,000	
1811. . .	28,300,000	Baptême du roi de Rome ?	28,300,000	
1812. . .	28,300,000	»	28,300,000	
1813. . .	27,840,000	»	27,840,000	
1814 (3 mois). . .	4,920,500	»	4,920,500	
1815 (3 mois et 20 jours) . . .	9,336,164 }(a)	1,375,074 fr. (b)	10,711,238	
1840–1854. . .	»	5,790,719 (c)	5,790,719	
1855–1856. . .	»	7,763,713 (d)	7,763,713	
1860. . .	»	551,337 (e)	551,337	
RÈGNE DE NAPOLÉON Iᵉʳ. — DÉPENSE TOTALE . . .			294,330,284 fr.	294,330,284 fr.
A reporter . . .				294,330,284 fr.

(a). — Les dépenses de la liste civile se sont élevées, en 1814, à 19,682,000 francs et en 1815 à 30,700,000 francs. N'ayant trouvé que ces chiffres totaux dans les documents financiers, nous avons partagé ces sommes entre Napoléon Iᵉʳ et Louis XVIII, proportionnellement à la durée de leur gouvernement.

(b). — Payement des dettes de la liste civile de Napoléon Iᵉʳ.

(c). — Translation en France des restes de Napoléon Iᵉʳ et construction de son tombeau aux Invalides.

(d). — Dépense pour l'exécution des dispositions testamentaires de Napoléon Iᵉʳ.

(e). — Acquisition du tombeau de Sainte-Hélène et de la propriété de Longwood.

NOTA. — Les dépenses du sacre de Napoléon Iᵉʳ, de son mariage avec Marie-Louise et du baptême du Roi de Rome ont dû être considérables, mais elles ne sont mentionnées dans aucun document financier.

LOUIS XVIII. Du 1er. avril 1814 au 19 mars 1815, et du 9 juillet 1815 au 16 septembre 1824. (10 ans, 1 mois et 28 jours.)	LISTE CIVILE ET DOTATIONS des princes et princesses	DÉPENSES EXCEPTIONNELLES	DÉPENSE TOTALE	TOTAUX
Report	»	»	»	294,330,284 fr.
1814 (9 mois)	14,761,500 f. ⎱ (a)	»	14,761,500 fr.	
1815 (8 mois et 12 jours)	21,363,836 ⎰	»	21,363,836	
1816	34,000,000	»	34,000,000	
1817	34,000,000	»	34,000,000	
1818	34,000,000	»	34,000,000	
1819	34,000,000	»	34,000,000	
1820	34,000,000	»	34,000,000	
1821	34,000,000	»	34,000,000	
1822	34,000,000	»	34,000,000	
1823	34,000,000	»	34,000,000	
1824 (8 mois et 16 jours)	24,126,000 (b)	3,600,000 f. (c)	27,726,000	
RÈGNE DE LOUIS XVIII. — DÉPENSE TOTALE . . .	. . . .		335,851,336 fr.	335,851,336
A reporter	. . . .			630,181,620 fr.

(a). — Les sommes dépensées pour la Liste civile en 1814 se sont élevées à 19,682,000 francs et en 1815 à 30,700,000 francs. Nous avons partagé proportionnellement ces sommes entre Napoléon Ier et Louis XVIII, suivant la durée de leur gouvernement.

(b). — Les dépenses de la Liste civile, en 1824, se sont élevées à 34,000,000 de francs. Nous avons partagé cette somme proportionnellement à la durée des gouvernements de Louis XVIII et de Charles X.

(c). — *Obsèques de Louis XVIII et sacre de Charles X.* — Une somme de 6,000,000 de francs a été votée, en 1825 (Loi du 15 janvier), pour les obsèques de Louis XVIII et le sacre de Charles X. Il a été en outre dépensé une somme de 2,221,791 francs par le Ministère des Affaires étrangères, pour le deuil de Louis XVIII, le sacre de Charles X et le couronnement de l'Empereur de Russie (1825-1826). Les documents financiers ne permettent pas d'établir le chiffre des frais de représentation du Gouvernement Français au couronnement de Nicolas Ier. — Nous portons seulement 1,200,000 francs pour les dépenses occasionnées, à l'étranger, par la mort de Louis XVIII et le sacre de Charles X.

6,000,000 de francs plus 1,200,000 égalent 7,200,000. — Nous avons porté la moitié de cette somme (3,600,000 francs) au règne de Louis XVIII, pour ses obsèques, et l'autre moitié (3,600,000 francs) au règne de Charles X, pour son sacre.

CHARLES X.
Du 17 septembre 1824 au 29 juillet 1830.
(5 ans, 10 mois et 14 jours.)

	LISTE CIVILE ET DOTATIONS des princes et princesses	DÉPENSES EXCEPTIONNELLES	DÉPENSE TOTALE	TOTAUX
Report.	»	»	»	630,181,620 fr.
1824 (3 mois et 16 jours)	9,874,000 f. (a)	3,600,000 f. (c)	13,474,000 fr.	
1825.	32,000,000	»	32,000,000	
1826.	32,000,000	»	32,000,000	
1827.	32,000,000	»	32,000,000	
1828.	32,000,000	»	32,000,000	
1829.	32,000,000	»	32,000,000	
1830 (6 mois et 29 jours)	18,666,667 (b)	1,089,473 (d)	19,756,140	
1831.	»	2,958,774 (e)	2,958,774	
1833.	»	2,466,167 (f)	2,466,167	
1834.	»	2,017,370 (g)	2,017,370	
RÈGNE DE CHARLES X. — DÉPENSE TOTALE. . . .			200,672,451 fr.	200,672,451
A reporter. . . .				830,854,071 fr.

(a).—Les dépenses de la liste civile en 1824 se sont élevées à 34,000,000 de francs. Nous avons partagé cette somme proportionnellement à la durée des gouvernements de Louis XVIII et de Charles X.

(b).— Le compte définitif de 1830 donne pour la liste civile les chiffres suivants :
Liste civile de Charles X.............. 18,666,667 }
Liste civile de Louis-Philippe .... 9,000,000 } 27,666,667 fr.

(c).— Sacre de Charles X. (Voir la note c, règne de Louis XVIII.)
(d).— Voyage de Charles X à Rambouillet et à Cherbourg.
(e).— Payement des dettes de la liste civile de Charles X. (Loi du 15 mars 1831.)
(f).— id.   id.   id.   (Loi du 29 juin 1833.)
(g).— id.   id.   id.   (Loi d'r 8 août 1834.)

LOUIS-PHILIPPE Ier.

Du 30 juillet 1830 au 23 février 1848.

(17 ans, 6 mois et 25 jours.)

	LISTE CIVILE ET DOTATIONS des princes et princesses	DÉPENSES EXCEPTIONNELLES	DÉPENSE TOTALE	TOTAUX
Report.	»	»	»	830,854,071 fr.
1830 (5 mois et 2 jours)	9,000,000 f. (a)	»	9,000,000 fr.	
1831.	17,910,847	»	17,910,847	
1832.	13,000,000	»	13,000,000	
1833.	13,000,000	»	13,000,000	
1834.	13,000,000	»	13,000,000	
1835.	13,000,000	»	13,000,000	
1836.	13,000,000	»	13,000,000	
1837.	13,586,111	2,000,000 f. (b)	15,586,111	
1838.	14,000,000	»	14,000,000	
1839.	14,000,000	»	14,000,000	
1840.	14,000,000	»	14,000,000	
1841.	14,000,000	»	14,000,000	
1842.	13,722,500	463,298 (c)	14,185,798	
1843.	13,300,000	»	13,300,000	
1844.	13,300,000	»	13,300,000	
1845.	13,300,000	»	13,300,000	
1846.	13,300,000	»	13,300,000	
1847.	13,300,000	»	13,300,000	
1848 (1 mois et 23 jours).	2,191,667	»	2,191,667	
RÈGNE DE LOUIS-PHILIPPE Ier. — DÉPENSE TOTALE.	. . . .		246,374,423 fr.	246,374,423
A reporter.	. . . .			1,077,228,494 fr.

(a). — Le compte définitif de 1830 donne pour la liste civile les chiffres suivants :

Liste civile de Charles X. . . . 18,666,667 fr.   }
Liste civile de Louis-Philippe. . 9,000,000 »   }   27,666,667 fr.

(b). — 1,000,000 de francs, mariage du Prince Royal. — 1,000,000 de francs, dot de la Reine des Belges.

(c). — Obsèques du Duc d'Orléans.

NAPOLÉON III.

Du 2 décembre 1852 au 3 septembre 1870.
(17 ans, 9 mois et 3 jours.)

	LISTE CIVILE ET DOTATIONS des princes et princesses	DÉPENSES EXCEPTIONNELLES	DÉPENSE TOTALE	TOTAUX.
Report	»	»	»	1,077,228,194 fr.
1852 (30 jours) (a)	13,208,333 fr.	»	13,208,333 fr.	
1853	26,500,000	Mariage de Napoléon avec Mlle de Montijo ?	26,500,000	
1854	26,500,000	»	26,500,000	
1855	26,500,000	»	26,500,000	
1856	26,500,000	496,524 f. (b)	26,996,524	
1857	26,500,000	»	26,500,000	
1858	26,500,000	»	26,500,000	
1859	27,200,000	800,000 (c)	28,000,000	
1860	27,200,000	»	27,200,000	
1861	26,500,000	»	26,500,000	
1862	26,500,000	»	26,500,000	
1863	26,500,000	»	26,500,000	
1864	26,500,000	»	26,500,000	
1865	26,500,000	»	26,500,000	
1866	26,500,000	»	26,500,000	
1867	26,500,000	»	26,500,000	
1868	26,500,000	»	26,500,000	
1869	26,500,000	»	26,500,000	
1870 (8 mois et 3 jours)	19,875,000	»	19,875,000	
RÈGNE DE NAPOLÉON III. — DÉPENSE TOTALE.			486,279,857	486,279,857
TOTAL GÉNÉRAL POUR 62 ANS, 5 MOIS ET 8 JOURS DE MONARCHIE.				1,563,508,351

(a). — Pour l'année 1852, Napoléon III a touché la somme de 13,208,333 francs, qui se décompose de la manière suivante :

Dotation au Prince Président et liste civile de l'Empereur	12.000.000	
Crédit supplémentaire (Sénatus-Consulte du 12 décembre 1852)	1.083.333	13.208.333 fr.
Dotations des Princes et Princesses	125.000	

La République n'existant plus que de nom, nous avons cru juste de porter cette énorme dépense, du régime dictatorial, au compte de l'Empire.

(b). — Baptême du Prince Impérial.

(c). — Allocation au Prince Jérôme, à l'occasion de son mariage.

NOTA. — Nous n'avons trouvé aucun document financier sur les dépenses du mariage de Napoléon III avec Mlle de Montijo.

II.

RÉGIME RÉPUBLICAIN.

SOMMES ATTRIBUÉES AUX CHEFS DU POUVOIR EXÉCUTIF POUR TRAITEMENT,

FRAIS DE MAISON,

VOYAGES, DÉPLACEMENTS ET REPRÉSENTATION.

1re RÉPUBLIQUE (Consulat).
Du 1er vendémiaire an IX (23 septembre 1800) au 27 floréal an XII (17 mai 1804).
(3 ans, 7 mois, 27 jours)
2e RÉPUBLIQUE. — Du 24 février 1848 au 1er décembre 1852.
(4 ans, 9 mois, 7 jours.)

1re RÉPUBLIQUE (Consulat).

An IX – An XII (3 ans, 7 mois et 27 jours). — Les documents financiers ne permettent pas de préciser avec exactitude les dépenses du Consulat, de l'an IX au 27 floréal an XII, origine de l'Empire ; elles peuvent être évaluées, au minimum, à . . . .

1re RÉPUBLIQUE. — DÉPENSE TOTALE. . .

2e RÉPUBLIQUE.

1848 (10 mois et 6 jours) . . . .
1849 . . . .
1850 . . . .
1851 . . . .
1852 (11 mois et 1 jour) (e) . . . .

2e RÉPUBLIQUE. — DÉPENSE TOTALE . .

A reporter . . .

DOTATION DU CHEF du POUVOIR EXÉCUTIF	DÉPENSES EXCEPTIONNELLES	DÉPENSE TOTALE	TOTAUX
24,000,000 f. (a)	»	24,000,000 fr.	
. . . .		24,000,000 fr.	24,000,000 fr.
442,074 f. (b)	»	442,074	
1,245,600 (c)	»	1,245,600	
1,248,000 (c')	2,160,000 f. (d)	3,408,000	
1,248,000 (c'')	»	1,248,000	
»	»	»	
. . . .		6,343,674 fr.	6,343,674
. . . .			30,343,674 fr.

(a). — Pendant cette période du Consulat, la République était purement nominale, c'est ce qui explique l'exagération de la dotation du Pouvoir exécutif.

(b). — Le chiffre de 442.074 se décompose comme il suit :

Gouvernement provisoire	201,000 fr.
Président du Conseil, Chef du Pouvoir exécutif (Cavaignac) . .	115,619
Traitement du Président de la République et frais de représentation	125,455
Total égal	442,074 fr.

(c). — Y compris 45,600 francs, alloués au Vice-Président de la République.
(c' c''). — Y compris 48,000 id. id.

(d). — Louis-Napoléon se fait voter par l'assemblée nationale, qui était déjà en majorité à sa dévotion, un crédit extraordinaire de 2,160,000 francs pour frais de la présidence de la République (Loi des 24 et 28 juin 1850).

(e). — Pour l'année 1852, ce n'est plus une dotation, c'est une véritable liste civile. Les sommes perçues par Louis-Napoléon s'élèvent au chiffre total de 13,208,333 francs qui se décomposent, suivant le compte définitif, comme il suit :

Dotation au Prince-Président et liste civile de l'Empereur	12,000,000	
Crédit supplémentaire (Sénatus-Consulte du 12 décembre 1852)	1,083,333	13,208,333 fr.
Dotations des princes et princesses	125,000	

Nous avons porté cette somme au compte de l'Empire ; avec le régime dictatorial de cette époque, la République n'existait plus que de nom : l'exagération et la nature des dépenses justifient cette mesure.

3ᵉ RÉPUBLIQUE.
Dépenses du 4 septembre 1870 au 31 décembre 1885.
(15 ans, 3 mois, 27 jours.)

	DOTATION DU CHEF du POUVOIR EXÉCUTIF	DÉPENSES EXCEPTIONNELLES	DÉPENSE TOTALE	TOTAUX
Report.	»	»	»	30,343,674 fr.
3ᵉ RÉPUBLIQUE.				
1870 (3 mois et 27 jours)	46,178 f. (a)	»	46,178 fr.	
1871	685,730 (b)	»	685,730	
1872	762,399 (c)	»	762,399	
1873	762,392 (d)	»	762,392	
1874	900,000 (e)	»	900,000	
1875	900,000 (e')	»	900,000	
1876	900,000 (e")	»	900,000	
1877	1,200,000	»	1,200,000	
1878	1,200,000	500,000 f. (f)	1,700,000	
1879	1,200,000	»	1,200,000	
1880	1,200,000	»	1,200,000	
1881	1,200,000	»	1,200,000	
1882	1,200,000	»	1,200,000	
1883	1,200,000	»	1,200,000	
1884	1,200,000	»	1,200,000	
1885	1,200,000	»	1,200,000	
3ᵉ RÉPUBLIQUE. — DÉPENSE AU 31 DÉCEMBRE 1885. . .			16,256,699 fr.	16,256,699
TOTAL GÉNÉRAL POUR 22 ANS ET 10 MOIS DE RÉPUBLIQUE .				46,600,373 fr.

(a). — Dépenses du Gouvernement de la Défense nationale.
(b). — Traitement du Président 600,000 francs, frais de maison 85,730 francs.
(c). — id. 600,000 id. 162,399
(d). — id. 600,000 id. 162,392
(e, e', e"). — Traitement du Président 600,000 francs, frais de maison 300,000 francs.
Pour les années suivantes :

Traitement du Président	600,000	
Frais de maison	300,000	1,200,000 fr.
Frais de voyages et de représentation . . .	300,000	

(f). — Allocation supplémentaire de 500,000 francs à l'occasion de l'Exposition universelle de 1878.

NOTA. — Ce travail étant fait d'après les comptes *définitifs*, c'est-à-dire, d'après des documents absolument incontestables, nous nous sommes arrêtés à la fin de l'année 1885, les comptes définitifs de l'année 1886 n'ayant pas encore paru.

III.

INSTRUCTION PUBLIQUE ET CULTES.

Dépenses budgétaires faites, sous chaque Gouvernement,
pour l'Instruction publique et pour les Cultes
depuis le commencement du siècle.

INSTRUCTION PUBLIQUE. — Les dépenses de l'Instruction publique comprennent : Les sommes attribuées à l'Administration centrale (Personnel et matériel); aux services généraux de l'Instruction publique ; à l'Enseignement supérieur; aux Établissements scientifiques et littéraires; aux encouragements et souscriptions ; à l'Enseignement secondaire ; à l'Instruction primaire et enfin aux dépenses diverses.

CULTES. — Les dépenses des Cultes consistent dans les sommes attribuées : à l'Administration centrale (Personnel et matériel) ; aux Cardinaux, Archevêques et Évêques ; aux Vicaires généraux, chapitres, clergé paroissial; aux chapitres de Saint-Denis et de Sainte-Geneviève ; aux bourses des séminaires catholiques ; aux pensions et secours ; aux édifices diocésains (service et travaux); aux secours pour églises et presbytères et dépenses diverses ; aux Cultes protestants et israélite et enfin au service des Cultes en Algérie.

DÉPENSES BUDGÉTAIRES FAITES, SOUS CHAQUE GOUVERNEMENT, POUR L'INSTRUCTION PUBLIQUE ET POUR LES CULTES.

GOUVERNEMENTS		INSTRUCTION PUBLIQUE	TOTAUX	CULTES	TOTAUX
I. — RÉGIME MONARCHIQUE.					
NAPOLÉON Ier Du 28 floréal an XII (18 mai 1804) au 31 mars 1814 et du 20 mars au 8 juillet 1815 (10 ans, 2 mois et 8 jours)	An XII (4 mois et 9 jours) (a)	Les comptes de finances sont insuffisants pour établir de l'an XII à 1813, la somme attribuée, chaque année, à l'Instruction publique.		2,591,228 fr.	
	An XIII			13,000,000	
	An XIV–1806 (15 mois et 10 jours)			16,600,000	
	1807			12,341,537	
	1808			13,832,520	
	1809			14,920,000	
	1810			15,482,240	
	1811			16,650,000	
	1812			18,038,686	
	1813			16,000,000	
	1814 (3 mois) (b)	900,000 fr.		2,850,000	
	1815 (3 mois et 20 jours) (c)	957,945		3,953,425	
	RÈGNE DE NAPOLÉON Ier. — DÉPENSE TOTALE	4,857,945 fr.	1,857,945 fr.	146,259,636 fr.	146,259,636 fr.
LOUIS XVIII Du 1er avril 1814 au 19 mars 1815 et du 9 juillet 1815 au 16 septembre 1824 (10 ans, 1 mois et 28 jours)	1814 (9 mois) (b')	2,700,000 fr.		8,550,000 fr.	
	1815 (8 mois et 12 jours) (c')	2,192,035		9,046,575	
	1816	3,100,000		18,600,000	
	1817	3,450,000		22,400,000	
	À reporter. . .	11,442,055 fr.	1,857,945 fr.	58,596,575 fr.	146,259,636 fr.

NOTA.—Antérieurement à 1822, les chiffres des dépenses annuelles pour l'Instruction publique et pour les Cultes, sont établis avec le compte général de l'Administration des Finances et d'autres documents financiers; ils ne sont pas rigoureusement exacts. A partir de 1822, les chiffres sont pris dans les comptes définitifs.

(a). — La somme de 7,389,049 francs dépensée pour les Cultes en l'an XII, a été partagée proportionnellement à la durée des gouvernements de la République et de l'Empire.

(b, b') (c, c'). — Les sommes dépensées en 1814 et 1815 pour l'Instruction publique et pour les Cultes ont été partagées proportionnellement à la durée des gouvernements de Napoléon Ier et de Louis XVIII.

Elles s'élèvent, savoir :

Pour 1814 . .	Instruction publique	8,600,000 fr.
	Cultes	11,400,000 fr.
Pour 1815 . .	Instruction publique	3,150,000 fr.
	Cultes	13,000,000 fr.

DÉPENSES BUDGÉTAIRES FAITES, SOUS CHAQUE GOUVERNEMENT,

POUR L'INSTRUCTION PUBLIQUE ET POUR LES CULTES.

GOUVERNEMENTS		INSTRUCTION PUBLIQUE	TOTAUX	CULTES	TOTAUX
	Report	11,442,055 fr.	1,857,945 fr.	58,596,575 fr.	146,259,636 fr.
	1818	3,500,000		23,800,000	
	1819	3,650,000		24,300,000	
	1820	3,740,000		24,600,000	
LOUIS XVIII (Suite).	1821	3,750,000		25,200,000	
	1822	3,656,623		26,102,747	
	1823	3,589,705		26,677,792	
	1824 (8 mois et 16 jours) (a)	2,551,557		19,662,220	
	RÈGNE DE LOUIS XVIII. — DÉPENSE TOTALE	35,879,940 fr.	35,879,940 fr.	228,939,334 fr.	228,939,334 fr.
	1824 (3 mois et 16 jours) (a')	1,040,250 fr.		8,016,136 fr.	
	1825	3,606,943		28,844,801	
CHARLES X	1826	3,572,310		30,584,521	
Du 17 septembre 1824 au	1827	3,537,980		32,638,740	
29 juillet 1830	1828	3,618,501		33,501,631	
(5 ans, 10 mois et 14 jours).	1829	3,607,204		35,471,165	
	1830 (6 mois et 29 jours) (b')	2,147,097		21,007,809	
	RÈGNE DE CHARLES X. — DÉPENSE TOTALE	21,130,285 fr.	21,130,285 fr.	190,064,803 fr.	190,064,803 fr.
LOUIS-PHILIPPE Ier	1830 (5 mois et 2 jours) (b")	1,584,762 fr.		15,505,764 fr.	
Du 30 juillet 1830 au	1831	4,179,166		34,624,789	
23 février 1848	1832	3,999,527		33,815,192	
(17 ans, 6 mois et 15 jours).	1833	5,095,490		33,838,057	
	A reporter	14,858,945 fr.	58,868,170 fr.	117,783,802 fr.	565,263,773 fr.

(a, a'), (b, b'). — Les dépenses pour l'Instruction publique et pour les Cultes pendant les exercices 1824 et 1830, ont été partagées proportionnellement à la durée des gouvernements de Louis XVIII et de Charles X, et de Charles X et de Louis-Philippe.

Elles s'élèvent, savoir :

pour 1824 . .	Instruction publique	3,591,807 fr.
	Cultes	27,678,356 fr.
pour 1830 . .	Instruction publique	3,731,859 fr.
	Cultes	36,513,573 fr.

DÉPENSES BUDGÉTAIRES FAITES, SOUS CHAQUE GOUVERNEMENT, POUR L'INSTRUCTION PUBLIQUE ET POUR LES CULTES.

GOUVERNEMENTS		INSTRUCTION PUBLIQUE	TOTAUX	CULTES	TOTAUX
	Report.	14,858,945 fr.	58,868,470 fr.	117,783,802 fr.	565,263,773 fr.
	1834	5,003,620		34,120,485	
	1835	12,352,331		34,334,883	
	1836	12,942,781		34,714,507	
	1837	13,720,936		35,383,407	
	1838	14,025,866		35,533,623	
	1839	14,802,308		35,706,593	
	1840	15,340,224		35,824,653	
	1841	15,835,666		36,043,905	
LOUIS-PHILIPPE Ier (Suite).	1842	16,120,859		36,324,266	
	1843	16,411,280		37,435,605	
	1844	17,280,269		37,509,150	
	1845	17,056,545		37,778,604	
	1846	18,418,551		38,170,855	
	1847	18,275,280		38,813,167	
	1848 (1 mois et 23 jours) (a).	2,847,329		5,862,030	
	RÈGNE DE LOUIS-PHILIPPE. — DÉPENSE TOTALE	225,292,790 fr.	225,292,790 fr.	631,339,535 fr.	631,339,535 fr.
NAPOLÉON III Du 2 décembre 1852 au 3 septembre 1870 (17 ans, 9 mois et 3 jours).	1852 (30 jours) (b).	22,958,893		41,929,535	
	1853	22,869,803		44,268,012	
	1854	22,170,648		44,365,015	
	1855	19,719,095		44,183,094	
	1856	19,866,551		45,386,730	
	1857	20,281,968		46,960,094	
	1858	20,523,907		46,852,315	
	A reporter.	148,390,865 fr.	284,160,960 fr.	313,944,795 fr.	1,196,603,308 fr.

(a). — Les dépenses de l'année 1848 se sont élevées pour l'Instruction publique à 19,298,562 francs, et pour les Cultes à 39,731,537 francs. Ces sommes ont été partagées proportionnellement à la durée des gouvernements de Louis-Philippe et de la seconde République.

(b). — Nous avons porté la totalité des dépenses faites pour l'Instruction publique et pour les Cultes, pendant l'exercice 1852, au compte du second Empire, afin de pouvoir faire concorder au tableau récapitulatif les dépenses de la Liste civile, de l'Instruction publique et des Cultes. (Voir note a, pages 14 et 15.)

GOUVERNEMENTS		INSTRUCTION PUBLIQUE	TOTAUX	CULTES	TOTAUX
	Report. . .	148,390,865 fr.	284,160,960 fr.	313,944,795 fr.	1,196,603,308 fr.
	1859	20,996,163		47,916,605	
	1860	22,682,753		50,008,543	
	1861	23,068,460		52,102,124	
	1862	26,488,796		50,298,570	
	1863	26,219,752		50,264,495	
NAPOLÉON III (suite) . .	1864	27,487,195		51,296,433	
	1865	28,735,638		52,846,289	
	1866	29,660,417		53,434,031	
	1867	30,193,600		54,035,637	
	1868	36,061,969		53,882,764	
	1869	38,539,216		54,532,936	
	1870 (8 mois et 3 jours) (a).	28,805,262		36,288,383	
	RÈGNE DE NAPOLÉON III. — DÉPENSE TOTALE.	487,330,086 fr.	487,330,086	920,851,605 fr.	920,851,605
TOTAUX POUR 62 ANS, 5 MOIS ET 8 JOURS DE MONARCHIE. . . .		. . . .	771,491,046 fr.	. . . .	2,117,454,913 fr.

II. — RÉGIME RÉPUBLICAIN.

GOUVERNEMENTS		INSTRUCTION PUBLIQUE	TOTAUX	CULTES	TOTAUX
1re RÉPUBLIQUE (Consulat). Du 1er vendémiaire an IX (23 septembre 1800) au 27 floréal an XII (17 mai 1804). (3 ans, 7 mois et 27 jours).	An IX	Les comptes de finances sont insuffisants pour établir les sommes attribuées à l'Instruction publique.		»	
	An X.			1,503,462 fr.	
	An XI			3,800,000	
	An XII (7 mois et 27 jours) (b).			4,797,821	
	1re RÉPUBLIQUE (Consulat). — DÉPENSE TOTALE	»	»	10,101,283 fr.	10,101,283 fr.
	A reporter	. . . .	»	. . . .	10,101,283 fr.

(a). — Les sommes dépensées en 1870, pour l'Instruction publique 42,739,515 fr. et pour les Cultes 53,822,520 fr., ont été partagées proportionnellement à la durée des gouvernements du second Empire et de la troisième République.

(b). — La somme de 7,389,049 fr. dépensée pour les Cultes en l'an XII a été partagée proportionnellement à la durée des gouvernements de la première République et du premier Empire.

DÉPENSES BUDGÉTAIRES FAITES, SOUS CHAQUE GOUVERNEMENT,

POUR L'INSTRUCTION PUBLIQUE ET POUR LES CULTES.

GOUVERNEMENTS	INSTRUCTION PUBLIQUE	TOTAUX	CULTES	TOTAUX
Report . . .	»	»	»	10,101,283 fr.
1848 (10 mois et 6 jours) (a)	16,451,233 fr.		33,869,507 fr.	
1849	21,699,759		40,894,147	
1850	21,318,622		41,030,377	
1851	21,901,816		41,833,737	
1852 (11 mois et 1 jour) (b)	»		»	
2me RÉPUBLIQUE. — DÉPENSE TOTALE	81,371,430 fr.	81,371,430 fr.	157,624,768 fr.	157,624,768 fr.
1870 (3 mois et 27 jours) (c)	13,034,253 fr.		17,554,137	
1871	42,306,457		49,963,525	
1872	45,113,651		53,216,748	
1873	48,000,819		53,482,324	
1874	50,606,051		53,744,218	
1875	51,238,342		54,187,951	
1876	55,820,362		54,156,783	
1877	65,703,380		53,317,906	
1878	73,624,395		53,059,198	
1879	78,108,961		52,942,223	
1880	100,572,873		52,576,835	
1881	101,990,425		52,306,986	
1882	147,212,967		52,447,472	
1883	167,488,115		51,414,696	
1884	185,682,977		50,789,181	
1885	187,220,064		46,529,541	
3me RÉPUBLIQUE. — DÉPENSE TOTALE	1,414,624,092 fr.	1,414,624,092 fr.	801,689,724 fr.	801,689,724 fr.
TOTAUX pour 22 ans et 10 mois de République . . .		1,495,995,522 fr		969,415,775 fr.

Ligne **2me RÉPUBLIQUE — Du 24 février 1848 au 1er décembre 1852. (4 ans, 9 mois et 7 jours.)**

Ligne **3me RÉPUBLIQUE — Du 4 septembre 1870 au 31 décembre 1885. (15 ans, 3 mois et 27 jours.)**

(a). — Les dépenses de l'année 1848 se sont élevées pour l'Instruction publique à 19,298,562 francs, et pour les Cultes à 39,731,537 francs. Ces sommes ont été partagées proportionnellement à la durée des gouvernements de Louis-Philippe et de la seconde République.

(b). — Nous avons porté toute l'année 1852 au compte du second Empire pour faire concorder les dépenses au tableau récapitulatif de la Liste civile, de l'Instruction publique et des Cultes (voir note a pages 14 et 15).

(c). — Les dépenses de l'année 1870 se sont élevées pour l'Instruction publique à 42,739,515 francs, et pour les Cultes à 53,842,520 francs. — Ces sommes ont été partagées proportionnellement à la durée des gouvernements de Napoléon III et de la troisième République.

Nota. — Ce travail étant fait d'après les comptes *définitifs*, c'est-à-dire, d'après des documents absolument incontestables, nous nous sommes arrêtés à la fin de l'année 1885, les comptes définitifs de l'année 1886 n'ayant pas encore paru.

IV.

TABLEAU COMPARATIF

DES DÉPENSES BUDGÉTAIRES FAITES, SOUS CHAQUE GOUVERNEMENT,

POUR LE CHEF DE L'ÉTAT,

POUR L'INSTRUCTION PUBLIQUE ET POUR LES CULTES

DEPUIS LE COMMEMCEMENT DU SIÈCLE

TABLEAU COMPARATIF des DÉPENSES budgétaires *faites, sous chaque Gouvernement, pour le Chef de l'État,* pour l'Instruction publique et pour les Cultes *depuis le commencement du siècle.*

GOUVERNEMENTS	DURÉE des GOUVERNEMENTS	DÉPENSES — LISTE CIVILE OU DOTATION DU CHEF DU POUVOIR EXÉCUTIF — par Gouvernement	Moyennes par année	DÉPENSES — INSTRUCTION PUBLIQUE — par Gouvernement	Moyennes par année	DÉPENSES — CULTES — par Gouvernement	Moyennes par année	PROPORTIONS 0/0 — CHEF de L'ÉTAT	INSTRUCTION PUBLIQUE	CULTES
		Fr.	Fr.	Fr.	Fr.	Fr.	Fr.			
I. RÉGIME MONARCHIQUE										
NAPOLÉON Ier. — Du 23 floréal an XII (18 mai 1804) au 31 mars 1814 et du 20 mars au 8 juillet 1815.	10 ans, 2 mois, 8 jours (3,717 jours)	294,330,234	28,902,489	(a) 1,837,915 (202 jours)	»	146,259,636	14,362,326	»	»	»
LOUIS XVIII. — Du 1er avril 1814 au 19 mars 1815 et du 9 juillet 1815 au 16 septembre 1824 . . .	10 ans, 4 mois, 28 jours (3,711 jours)	385,851,336	33,033,074	35,879,940	3,529,015	228,030,334	22,517,611	55.9	5.9	38.2
CHARLES X. — Du 17 septembre 1824 au 29 juillet 1830	5 ans, 10 mois, 14 jours (2,141 jours)	200,672,451	34,210,857	21,130,285	3,602,313	190,064,803	32,402,453	48.8	5.1	46.1
LOUIS-PHILIPPE Ier. — Du 30 juillet 1830 au 23 février 1848 . . .	17 ans, 6 mois, 15 jours (6,418 jours)	246,374,423	14,011,633	225,292,790	12,812,093	631,389,535	35,905,099	22.3	20.4	57.3
NAPOLÉON III. — Du 2 décembre 1852 au 3 septembre 1870 (17 ans, 9 mois 3 jours). *Nota* : Nous avons porté au règne de Napoléon toute l'année 1852 (voir la note *a*, pages 14 et 15).	18 ans, 8 mois, 3 jours (6,821 jours)	486,279,857	26,021,326	487,330,066	26,077,625	920,851,605	49,275,888	26.0	26.0	48.0
TOTAUX	62 ans, 5 mois, 8 jours (22,808 jours)	1,563,508,351	»	771,491,046 (19,293 jours)	»	2,117,454,913	»	35.11	17.32	47.57
MOYENNES GÉNÉRALES PAR ANNÉE .	»	»	25,021,069	»	14,595,668	»	33,883,963	»	»	»
II. RÉGIME RÉPUBLICAIN										
1re RÉPUBLIQUE (CONSULAT). — Du 1er vendémiaire an IX (23 septembre 1800) au 27 floréal an XII (17 mai 1804)	3 ans, 7 mois, 27 jours (1,333 jours)	24,000,000	6,571,643	les comptes des finances sont insuffisants pour établir les dépenses.	»	(b) 10,101,283 (968 jours)	3,808,851	»	»	»
2e RÉPUBLIQUE. — Du 24 février 1848 au 1er décembre 1852 (4 ans, 9 mois et 7 jours). *Nota* : L'année 1852 a été portée au règne de Napoléon III (voir la note *a*, pages 14 et 15).	3 ans, 10 mois, 6 jours (1,407 jours)	6,348,074	1,645,658	81,371,430	21,109,148	157,624,768	40,890,575	2.39	33.16	64.25
3e RÉPUBLIQUE. — Du 4 septembre 1870 au 31 décembre 1885 . .	15 ans, 3 mois, 27 jours (5,598 jours)	16,256,699	1,059,967	1,414,624,092	92,236,149	801,689,724	52,271,659	0.7	63.4	35.9
TOTAUX	22 ans, 10 mois (8,338 jours)	46,600,373	»	1,495,995,522 (7,005 jours)	»	969,415,775 (7,973 jours)	»	1.85	59.56	38.59
MOYENNES GÉNÉRALES PAR ANNÉE .	»	»	2,039,054	»	77,949,802	»	44,379,375	»	»	»
RÉCAPITULATION :										
MONARCHIE	62 ans, 5 mois, 8 jours (22,808 jours)	1,563,508,351	25,021,069	771,491,046 (19,293 jours)	14,595,668	2,117,454,913	33,883,963	35.11	17.32	47.57
RÉPUBLIQUE	22 ans, 10 mois (8,338 jours)	46,600,373	2,039,054	1,495,995,522 (7,005 jours)	77,949,802	969,415,775	44,379,375	1.85	59.56	38.59
TOTAUX ET MOYENNES	85 ans, 3 mois, 8 jours (31,146 jours)	1,610,108,721	18,869,885	2,267,486,568 (26,298 jours)	31,471,313	3,086,870,688 (30,781 jours)	36,607,251	23.12	32.56	44.32

(a) 1,837,915 fr. Dépensés pour 6 mois et 20 jours des années 1814 et 1815. — Pour les années antérieures du règne de Napoléon Ier, les documents financiers ne permettent pas d'établir les dépenses.

(b) 10,101,283 fr. pour 2 ans, 7 mois et 27 jours. — 968 jours (ans X, XI et XII).

36